Gisela Keil (Text)
Christa Brand / Gisela Caspersen
(Fotos)

Stimmungsvolle Bauerngärten

Fantasievoll gestalten, traditionell bepflanzen, optimal nutzen

Seite 1: Ringelblumen *(Calendula officinalis)* dürfen in keinem Bauerngarten fehlen.

Seite 2/3: Bunte Blütenpracht vor dem Haus mit Ziergehölzen wie Rosen und Clematis, Stauden wie Katzenminze *(Nepeta* x *faassenii)* sowie Sommerblumen in Form von Stockmalven *(Alcea-Rosea)*, Mutterkraut *(Tanacetum parthenium)*, Sonnenblumen (*Helianthus annuus)* und Bartnelken *(Dianthus barbatus)*.

Links: Die Hauswand bietet oft noch ein Plätzchen für einen kleinen Ziergarten. Dieses charmante Sortiment besteht aus blauen Marienglockenblumen *(Campanula medium)*, rosafarbenen Herbstanemonen *(Anemone-Japonica*-Hybriden*)*, weiß blühendem Baldrian *(Valeriana officinalis)* und Weinreben *(Vitis vinifera* ssp. *vinifera)* an der Hauswand.

Inhalt

Vorwort

Schon das Wort „Bauerngarten" weckt Erinnerungen an vergangene terlingen, an das Naschen süßer Beeren, an den aromatischen Duft de Erkundungen in Großmutters Garten und an das Ernten knack- ihrer kunterbunten Vielfalt, der überschäumenden Blütenpracht Beeren und Gemüse sind Bauerngärten der Inbegriff unbeschwerten,

Bauerngärten sind die älteste Form unserer Gartenkultur und tief in Geschichte und Mythologie verankert. Über die Jahrhunderte haben sie aus den Gartenmoden neben dem Nützlichen auch Schönes herausgefiltert und blieben dadurch bis heute aktuell. Kontinuität und Wandel ist aber nur ein Begriffspaar, das sie charakterisiert. Bauerngärten sind Selbstversorger-Gärten, voll von prallem Leben, mit dem Flair des geordneten Durcheinanders. Ordnung und Vielfalt von Gemüse, Blumen, Kräutern und Beeren treffen in ihnen ebenso unvermittelt aufeinander wie die lebendige Mischung formaler und zwangloser Elemente. So gibt es bis heute nicht nur verschiedene Arten des Bauerngartens, man findet bei gleich bleibenden Strukturen auch regionale Unterschiede. Ein erstaunlich reicher Fundus, dessen Traditionsmuster sich bis heute immer wieder neu mit Leben füllen lassen!

Tage zwischen Blumen und Schmet-
sonnenwarmer Kräuter, an spannen-
frischer Radieschen vom Beet. Mit
und der verführerischen Fülle an
ursprünglichen Gartenglücks.

Attraktive Präsentation des Nützlichen. Beerenhochstämmchen in formalem Buchsrahmen verbinden Elemente des Zier- und Nutzgartens. Dieses Erfolgsprogramm garantiert Bauerngärten ewige Jugend und hat ihnen schon längst vom Land den Zugang in die Städte verschafft.

Am Anfang standen die anspruchslosen Gärten der Germanen, mit Flechtzäunen gesicherte Nutzgärten, deren spärliches Angebot sich aus Kohl, Möhren, Pastinaken, Hülsenfrüchten, Kümmel und Petersilie rekrutierte. Erst die römischen Eroberer bereicherten mit vielen neuen Pflanzen das Sortiment. Neben Wein führten sie Pfirsiche, Aprikosen, Kirschen und Walnüsse ein sowie zahlreiche Gemüsearten und Kräuter, aber auch Blumen wie Rosen, Lilien, Goldlack und Levkojen.

Große Erfahrung brachten sie vor allem auch in methodischen und praktischen Dingen mit. So staunten die Germanen nicht minder über die Ziergärten der Römer, die nach ästhetischen Aspekten gestaltet waren. Beeteinteilungen, die die Arbeit erleichterten und buchsgesäumte Beete waren den Römern ebenso geläufig wie das Pfropfen von Obstgehölzen zur Qualitätsverbesserung.

Nach dem Untergang des Römischen Reichs gerieten in den Jahrhunderten der Völkerwanderung viele kulturelle Errungenschaften wieder in Vergessenheit. Um 600 n. Chr. kristallisierten sich allmählich zwei Institutionen heraus, die den Bauerngarten maßgeblich beeinflussten: Adel und Kirche. In seiner Landgüterverordnung von 812 ließ Karl der Große im ganzen Reich Königshöfe anlegen, die gleichzeitig Selbstversorgerhöfe waren und gab dazu Richtlinien heraus, welche Tiere zu halten und welche Pflanzen anzubauen seien. Seine Pflanzenliste mit 73 Nutzpflanzen und 16 Obstarten macht noch heute das Grundsortiment des Bauerngartens aus. Mönche verbreiteten die Anweisungen. Während in Süddeutschland die Benediktiner führend waren, taten sich in Norddeutschland die Zisterzienser hervor. Aufgrund ihres Pflanzenwissens konnten sie der Bevölkerung Hilfestellung beim Anbau leisten. Ihre rechteckigen Klostergärten mit den rechtwinkeligen Beeten und der bevorzugten Einteilung mit Wegkreuzen hatten Vorbildfunktion und wurden prägend für die ländlichen Gärten. Der Klosterplan der Benediktiner von St. Gallen aus dem Jahr 816 legte ein bis in unsere Tage wirkendes Anbauprinzip fest: Die Pflanzen sollten ihrem Charakter entsprechend in drei verschiedenen Gärten angebaut werden: im Gemüsegarten, im Kräutergarten und im Obstgarten, der gleichzeitig als Friedhof diente. Noch heute findet man den Obstgarten meist getrennt vom Gemüsegarten. Oft ist er im Unterschied zu diesem nicht eingezäunt und wesentlich weitläufiger. Im Gras unter den Obstbäumen dürfen sich Hühner und gelegentlich auch das Vieh gütlich tun.

In der Renaissance entstanden in den großen Städten reiche Bürgergärten. Man schwärmte für italienische Gartenanlagen und begann Zierpflanzen zu sammeln. Aus den Niederlanden kam die Tulpen-Welle, aus Amerika wurden Kartoffel, Sonnenblume und Kapuzinerkresse eingeführt. Die städtische Mode färbte nach und nach auch auf die Bauerngärten ab, wo robuste, pflegeleichte Zierpflanzen zunehmend Eingang fanden.

*Schön aus Tradition. Schon in der Landgüterverordnung Karls des Großen werden Malven angeführt. Seitdem sind Stockmalven (*Alcea-Rosea-*Hybriden) aus bäuerlichen Gärten nicht mehr wegzudenken. Ihr angestammter Platz ist an Haus und Zaun, wo die bis zu 2 m hohen Blütenkerzen Schutz vor Wind und Wetter erhalten.*

Der Dreißigjährige Krieg führte zum politischen und wirtschaftlichen Niedergang Deutschlands, der Hunger erforderte den konzentrierten Anbau von Nutzpflanzen. Gleichzeitig ging von Frankreich und Holland ein neuer Impuls aus. Der herrschaftliche Park von Versailles machte das Programm des Absolutismus sichtbar: der Mensch als Herrscher über die Natur. Geometrie und Schnittgehölze bestimmten die Gartenkultur, die Bürger und Adel bald darauf kopierten. Auch Klostergärten wurden teilweise umgestaltet, sodass es nur eine Frage der Zeit war, bis auch zu Wohlstand gekommene Bauern die neue Mode übernahmen. Damals fanden neben repräsentativen Buchseinfassungen, Schnitthecken, Eibensäulen, Kugelbäumchen und Buchskegeln auch diffizilere Beetformen, die an das Barockparterre erinnern, Eingang in die Nutzgärten der Bauern.

So entstanden im Laufe der Jahrhunderte folgende bäuerliche Gartenformen:

- Der Bauerngarten im engeren Sinn. In diesen Gemüse-Blumen-Kräutergarten können auch noch Beerensträucher integriert sein.
- Der Obstbaum-Garten.
- Der Krautgarten im Anschluss an die Felder. Auf ihm wird Grobgemüse wie Kopfkohl, Sellerie oder Lauch angebaut, wenn der Platz im kleinen Gärtchen dafür nicht ausreicht.
- Der Zier- und Topfgarten mit Balkon- und Kübelpflanzen.

Heute erlebt der Bauerngarten eine Renaissance. Er erfüllt einerseits eine nostalgische Sehnsucht, man hat aber auch entdeckt, dass sein fröhlicher Pflanzen-Mix den Prinzipien naturgemäßer Mischkultur entspricht und sich auf kleinstem Raum verwirklichen lässt.

Ländliches Idyll. Ein Tor aus Weidenruten berankt mit Duftwicken (Lathyrus odoratus) *führt geradewegs in die kleine Welt dieses Bauerngartens. Malerisch wachsen frisches Gemüse, Kräuter, Johannis- und Himbeeren, Flieder und Rosen mit duftenden, bunten Blumen um die Wette.*

Form und Größe, Lage und Struktur

Bauerngärten haben einen gemeinsamen Stil, jedoch viele Gesichter, obwohl traditionelle wie moderne ländliche Gärten auf das gleiche zurückgreifen und diese nach jahrhundertealten Anbaumethoden ähneln sich die meisten Gärten. Aber bereits hinsichtlich Größe und de und auch die interne Aufteilung und Gliederung ist variabel.

Bauerngärten sind Nutzgärten, die vor allem praktisch und pflegeleicht sein sollten. Kein Wunder, dass sich ihr äußeres Erscheinungsbild seit jeher an den Bedürfnissen der Menschen und den jeweils vorliegenden Notwendigkeiten orientiert.

Form und Umriss bäuerlicher Gärten sind durchweg rechteckig, wenn nicht gar exakt quadratisch. Ihre Größe hängt hingegen von regionalen und sozialen Gegebenheiten ab. In gebirgigen Gegenden, wie zum Beispiel im alpenländischen Bereich, sind die Gärten am Haus aus Platzmangel oft klein. Auch innerhalb der Dörfer konnte sich der einzelne Garten häufig wenig ausdehnen. In solchen Fällen wurde – so weit es das Klima erlaubte – das Grobgemüse gerne in einen am Feldrand gelegenen Krautgarten ausgesiedelt. Im Flachland, wo mehr Raum zur Verfügung stand, hatten Bauerngärten hingegen die Möglichkeit, sich großflächiger auszubreiten.

keiner gleicht dem andern. Und dies, Repertoire bewährter Pflanzen zu- kultivieren. In Form und Grundriss Lage gibt es beträchtliche Unterschie-

Aus Alt mach Neu. Im Stil alter Bauerngärten mit Wegkreuz und Buchseinfassung ist dieser moderne kleine Küchengarten angelegt. Seine Absenkung und die Wärme speichernden Granitblöcke erzeugen ein Wohlfühlklima, das Gemüse und Beeren prächtig gedeihen lässt.

Generell sollten sie jedoch so klein wie möglich und so groß wie nötig sein, denn den Bäuerinnen stand nicht viel Zeit zum beschaulichen Gärtnern zur Verfügung. Sie mussten mit geringstmöglichem Aufwand einen Ertrag erwirtschaften, der Familie und Gesinde ernährte und Heilpflanzen für Krankheiten, Färbepflanzen für die Kleidung und Blumen für Festtage und Gräber bereithielt. Die Größe des Gärtleins hing demnach auch von den „zu stopfenden Mäulern" ab. Kleinbauern und Häusler hatten oft nur einen winzigen Garten von 25 bis 100 m^2, während Großbauern zusätzlich das Gesinde ernähren und deshalb größere Flächen bestellen mussten. Erst im 18. und 19. Jahrhundert entwickelte sich in manchen Regionen mit reichen Bauern der große Garten zum Statussymbol und erhielt prächtige, schmiedeeiserne Zäune und zusätzliche Renommierflächen für Blumenbeete.

Ein Platz an der Sonne

Ein Bauerngarten lässt sich nur an vollsonnigen Stellen anlegen, denn Schatten und Wind verhindern, dass Blumen und Gemüse gesund und prächtig gedeihen und dass Kräuter ihr volles, duftendes Aroma entwickeln. Ländliche Gärten liegen deshalb traditionell an einem sonnig geschützten Platz und sind freistehend oder in Hausnähe nach Süden oder Südosten ausgerichtet.
In kalten oder windigen Regionen hingegen schmiegt sich der Garten gern in den Schutz von Haus, Stall oder Scheune. Er kann dabei je nach Himmelsrichtung und Wetterlage ein Gebäude seitlich flankieren oder an dessen Stirnseite (►) liegen, wobei ins Freie gerichtete Gartenpartien gerne zusätzlich durch mächtige, dichte Sträucher wie Holunder oder Haselnuss geschützt werden(▲). In den windgeplagten Küstenlagen Niedersachsens und Schleswig-Holsteins hingegen versucht man den Wind durch hohe Buchen- oder Eibenhecken, die die alten Gärten ringsum umgeben, auszusperren.
Bauerngärten können auch als Vorgarten den Eingangsbereich des Hauses zieren, wenn dieser nach Süden oder Südosten weist (◄). Sie sind dann meist zauberhaft mit Blumen bepflanzt, während eine idyllische Hausbank zum Genießen einlädt.

Ländliches Paradies in Alleinlage

Dieser prächtige Bauerngarten im bayerischen Oberland zeigt nicht nur, dass er mit liebevoller und kundiger Hand geführt wird, er lässt auch keine Gartenwünsche offen.
Der Garten, der durch eine schmale, kaum befahrene Straße vom Haus getrennt ist, ermöglicht einen herrlichen Rundblick auf die Alpenkette. Dank seiner erhöhten Lage erhalten Gemüse, Kräuter, Blumen und Beeren viel Licht. Für ein warmes Kleinklima sorgt ein Staketenzaun, der mit Kapuzinerkresse, Beerensträuchern, hohen, robusten Stauden und Stangenbohnen kalte Winde abhält (▲).
Der perfekte Selbstversorger-Garten bietet auf etwa 200 m² vom Frühjahr bis in den Winter Gemüse, Beeren, Blumen und Kräuter (◀). Holzbretter unterteilen die einzelnen Beete, in denen Gemüse und Blumen in farblich abwechslungsreicher Mischkultur gepflanzt sind, wodurch sie auch optisch reizvoll erscheinen.
In einem Meer von Blumen und Kräutern bietet die Laube ein lauschiges Plätzchen für eine Verschnaufpause (▶). Von allein zugewandert ist der riesige Holunder, dessen Blüten und Beeren geerntet werden können und dessen dichtes Laub vor rauem Wind schützt.

Beliebte traditionelle Einteilungen

Ordnung und Übersichtlichkeit bestimmten die Einteilung der alten Bauerngärten. Typisch für sie war immer der Hauptweg, der die Gartenfläche der Länge nach in zwei gleiche Hälften trennt. Diese Grundstruktur hat sich mit einigen Variationen bis heute für Zier-, Gemüse- und Kräutergärten erhalten.

Garten mit Wegkreuz: Das Vorbild für dieses klassische Einteilungsmuster lieferten die alten Klostergärten. Der Hauptweg wird in der Mitte des Gartens durch einen gleichwertigen zweiten Weg gekreuzt. Diese Kreuzform lässt sich durch Einfassungen der Beete, zum Beispiel mit Schnittlauch, Buchs oder Blumenrabatten, noch wirkungsvoll akzentuieren. Je größer der Garten, desto notwendiger wird eine zusätzliche Unterteilung der vier Beetflächen durch Seitenwege, damit die Beete gut von allen Seiten bearbeitet werden können. Ist die Gartenfläche groß genug, pflanzt man zur Verbesserung des Kleinklimas im Garten am Zaun entlang hohe Blumen, Rosen oder Beerensträucher. Damit auch diese Beete gut erreichbar sind, empfiehlt sich ein Rundweg, der – wenn er die Breite des Hauptwegs einnimmt – ebenfalls bequem mit dem Schubkarren befahren werden kann.

Garten mit Mittelweg: Diese einfachste Form des bäuerlichen Gartens ist noch heute oft zu finden. Die gesamte Fläche wird durch den Hauptweg in zwei Segmente geteilt, worin man mit Brettern, Rindenmulch, Ziegeln oder einfach durch Festtreten der Erde Einzelbeete abtrennt. Diese Gärten sind wenig aufwändig und garantieren eine optimale Nutzung der Fläche.

Garten mit Rondell: Gärten dieser Art hatten ursprünglich im Mittelpunkt des Wegkreuzes ein rundes Becken für Gießwasser. Da die Wege dessen Form umrahmten, entstanden besonders anmutige und ästhetisch wirkende Anlagen, die wiederum die herrschaftlichen Barockgärten mit ihren diffizilen Blumen- oder Buchs-Parterres beeinflussten. Je schmuckvoller und parkähnlicher Gärten mit dieser Struktur sind, desto häufiger findet man in ihrem Zentrum auch eine runde Blumeninsel, einen mit Kletterpflanzen bewachsenen Obelisken, ein immergrünes Gehölz in Formschnitt, eine Sonnenuhr, eine Vogeltränke, einen Springbrunnen oder gar einen Zierteich.

Moderne Varianten für kleine Gärten

Ein Bauerngarten kann auf kleinstem Raum angelegt werden. Deshalb eignen sich sogar kleine Handtuchgärten bestens dafür. Traditionelle Elemente lassen sich beliebig zu neuen, modernen Formen variieren und gleichzeitg auf die individuellen Gartenwünsche abstimmen. Dazu drei Anregungen und Beispiele, die auch Reihenhausgärten berücksichtigen, die sich an die ganze Breite des Hauses und seine Terrasse anschließen.

Zwei-Räume-Garten: Der Garten erhält nach traditionellem Prinzip durch einen mittelachsigen Weg eine senkrechte Zäsur, während bepflanzte Pergolen oder Spalierwände, an denen sich zum Beispiel Brombeeren ziehen lassen, ihn quer in Zier- und Nutzgarten unterteilen. Angrenzend an die Terrasse blühen in buchseingefassten, geschwungenen Beeten Blumen, Kräuter oder Rosen. Die Pflanzungen können teppichartig angelegt sein, Hochstämmchen, bepflanzte Säulen, Pyramiden oder kleine Gehölze darin können für Räumlichkeit und optische Höhepunkte sorgen. Die angrenzende Rasenfläche bildet einen ruhigen Kontrast zur Bepflanzung. Hinter den Pergolen ermöglichen Nutzbeete, Beerensträucher sowie eine Kompost- und Wasserstelle, gesundes Gemüse für den Eigenbedarf zu ziehen.

Zierbänder: Auch ein Rasen zum Herumtollen für Kinder kann als Mittelachse angelegt werden. Bandartig wirken die flankierenden Dreiecksbeete, die mit Blumen, Kräutern, Rosen oder Gemüse bepflanzt werden können und – wenn sie mit Buchs eingefasst sind – immer wohlgeordnet aussehen. Je nach Größe des Gartens können an seiner Grenze Beerensträucher für Erntevergnügen oder höhere Gehölze für Sichtschutz sorgen.

Rund zentrierter Garten: Die Ecken des Gartens kaschieren Beete in Kreissegmentform, die an der Terrasse mit duftenden Blumen und Kräutern bepflanzt werden. Mitten im Rasen bildet ein Rondell das Zentrum, das ein Wegkreuz und schmale Seitenwege in kleine Beetflächen unterteilen. Die Mittelachsigkeit ist etwas verdeckt, wird aber durch eine Sitzbank unter Schatten spendenden Gehölzen oder durch eine Laube am gegenüber liegenden Gartenende betont, die einen neuen Blick auf Garten und Haus ermöglichen.

Zäune und Eingänge

Zäune hatten seit jeher die Aufgabe, das bunte Völkchen der Zier-
friedeten Bereichs zu schützen und ihm ein gedeihliches Klima zu
wie Kühe und Pferde abgehalten werden, sondern auch Geflügel und
musste die Einzäunung eng und dicht sein. Mit ihrem begleiten-
schen Eingangsbögen wurden Zäune und Eingänge oft zur Visiten-

Gärten, in denen sich privates und gesellschaftliches Leben abspielte, waren meist von hohen Mauern und Hecken umgeben, die nicht nur Eindringlinge abhielten, sondern auch einen Sichtschutz gewährten. Diese Aufgabe hatten Zäune in bäuerlichen Gärten nie und beschränkten sich deshalb auf eine Durchschnittshöhe von 1,2 m.
Die alten, traditionellen Einfriedungen der Bauerngärten kommen ohne Nägel und Schrauben aus, sind fantasievoll geflochten und kosten nichts, denn man erstellt sie aus Material, das reichlich in der Natur vorkommt – aus Holz, wobei Weidenruten oder Ranken der Gemeinen Waldrebe *(Clematis vitalba)* als Flechtmaterial dienen, gelegentlich auch Draht. Wer Nägel und Schrauben zu Hilfe zieht, kann zwischen dichter senkrechter und lockerer waagerechter Machart wählen. Während man beim Hanichlzaun lediglich die beim Ausputzen des Waldes anfallenden dünnen Stangen nebeneinander

und Nutzpflanzen innerhalb des umbescheren. Sollte nicht nur Großvieh Wild der Zutritt verwehrt bleiben, den Blumenschmuck und den malerikarte bäuerlicher Tüchtigkeit.

Hanichlzaun. Dieser typisch ländliche Zaun besteht aus nicht entrindeten, 3,5–5 cm dicken Fichten- oder Tannenstangen, die stark angespitzt werden, damit auch das flugtüchtigste Huhn nicht in den Garten gelangen kann. Die tragenden Pfosten werden hinter dem Zaun angebracht, einen Sockel gibt es nicht.

setzt, werden sie für Staketenzäune nochmals halbiert und verlangen somit einen Arbeitsgang mehr. Für Lattenzäune benötigt man dickere Holzstämme, aus denen man Profillatten unterschiedlicher Breite sägt und hobelt. Für waagerechte Bretter- oder Ranchzäune verwendet man gerne so genannte Schwartlinge, also das jeweils erste und letzte rundliche Brett eines Stammes. Im 19. Jahrhundert legten sich wohlhabende Bauern gerne unverrottbare, schmiedeeiserne Zäune zu, denen später als Billigversion die Maschendrahtzäune folgten.
Die Stabilität eines Zaunes hängt von den senkrechten Pfosten ab, die deshalb oft aus Beton oder Metall sind. Holzpfosten müssen kesseldruckimprägniert sein und zu einem Drittel ihrer Länge in Kies eingeschlagen werden. An ihnen nagelt man die waagerechten Querriegel mit den senkrechten Latten oder Stangen an. Damit diese nicht so schnell verrotten, sollten sie 5 cm Abstand zum Boden einhalten.

Fürstliches Entree am Hanichlzaun. Die zweijährigen Kandelaber-Königskerzen (Verbascum olympicum) versamen sich gern von selbst. Hier wurde sicher gärtnerisch nachgeholfen, damit sie von Juni bis August wie Wächter zu beiden Seiten des Eingangs ihre gelben Hellebarden präsentieren.

Gewebt aus Schätzen der Natur

Ein derart lockerer Zaun aus ausgelichteten Fichten- oder Tannenstämmchen bildet nur für Großvieh eine wirksame Barriere. Die Schafgarbe *(Achillea)* verleiht ihm etwas Dichte und filigranen Reiz (▲). Mit den Jahren können sich weitere Wildsamen verfangen, sodass eine dichte Hecke entsteht.

Wie vertikal gewebt wirkt dieser Zaun, bei dem ungeschälte Nadelstämmchen senkrecht um drei massive Bandstangen geflochten werden. Je enger die senkrechten Stangen beieinander stehen, desto wirksamer wird Kleingetier abgehalten. Das üppige Laub des Rittersporns *(Delphinium)* bietet Wind- und Sichtschutz, während seine himmelblauen Kerzen den Zaun prunkvoll krönen (◀). Flicht man nach diesem Prinzip frische biegsame Weidenruten und steckt sie 40 cm tief in den Boden, können sie sich bewurzeln und oberirdisch austreiben. Dann entsteht eine dichte Hecke, die geschnitten werden kann.

Aus drei verschiedenen Holzformen besteht dieser waagerecht geflochtene Zaun. Seine angespitzten, sägerauen Latten erhalten Stabilität durch einen massiven Querriegel, für zusätzlichen Halt sorgt das Flechtwerk aus Weidenruten, während ihm robuste Stauden heiteren Charme verleihen (▶).

Herzliche Willkommensgrüße

Dicht und flächig gearbeitete Zäune bilden in einer natürlichen Umgebung eine einschneidende Zäsur. Dieser Eindruck lässt sich mit Kletterpflanzen oder hohen, überhängenden Pflanzen korrigieren, die die strengen Linien der Ober- und Unterkanten des Zaunes überspielen und seine Front durchbrechen. In duftigen Wolken tänzeln die Blüten der Herbstanemone *(Anemone-Japonica*-Hybriden*)* über den Lattenzaun, während ihr Laub seine Basis hinter einer Blattrüsche verbirgt (▲). Dürfen Blumen auch davor wachsen, werden Zäune besonders hübsch integriert, dazu sollte man eventuell den Zaun etwas zurück versetzen. Dies muss jedoch mit der Gemeinde abgeklärt werden. Wird Vieh vorbeigetrieben, ist von einer Vorpflanzung abzuraten.

Einen romantischen Gruß entbieten Rosen am Zaun. Bezaubernd sehen vor allem überhängende Strauch- oder Kletterrosen aus, wie hier die Strauchrose 'Mozart' am Staketenzaun aus angespitzten Halbrundhölzern (◄).

Und wer könnte sich ein schöneres Entree vorstellen, als duftende Kletterrosen und Clematis am Eingangsbogen, der hier aus Weidenruten geflochten ist (►). Der waagerechte Bretterzaun erhält seine Stabilität durch dicke Schwartlinge.

Beete

Beete sind das zentrale Element in jedem Bauerngarten. Ursprünglich Fläche vorbehalten, denn man wollte im ohnehin knapp bemessenen reien verschwenden. Die Bäuerinnen bemühten sich, den Boden – nutzen. So ergaben sich zwangsläufig eng aneinander liegende, recht- deren Bearbeitung dazwischen gelegte Trittbretter erleichterten.

Wenn in heutigen Bauerngärten der Nutzaspekt etwas zurücktritt, kann die Fläche des Gartens durch mehrere und größere Wege oder Rasenflächen unterteilt werden, dürfen die Beetformen auch einmal oval, halbrund, rund, dreieckig oder bandförmig ausfallen. Wichtig für die charakteristische Gestaltung ist jedoch, dass geometrische oder symmetrische Strukturierungsprinzipien erhalten bleiben.

Man sollte ferner nicht außer Acht lassen, dass Anbauflächen für Gemüse, Kräuter und Blumen Sonne, Wärme und Windschutz dringend benötigen und deshalb nie an halbschattigen oder schattigen Stellen liegen sollten. Im idealen Fall verlaufen sie in Nord-Süd-Richtung, was den Pflanzen optimale Sonne beschert. Bewährt hat sich außerdem eine Beetbreite von 1 bis 1,2 m. Damit erreicht man beim Säen, Pflanzen, Pflegen und Ernten von jeder Seite aus mühelos die Beetmitte.

waren ihnen über 90 Prozent seiner Rahmen keinen Platz durch Spiele- die Basis aller Erträge – optimal zu eckige oder quadratische Beeteinheiten,

Ordnung muss sein. Ein Grasweg in Rasenmäher-Breite führt als Hauptweg durch die Anbauflächen, die durch Bretter unterteilt sind, sodass die Beete eng an eng liegen.

Das Niveau der Beete sollte auf gleicher Höhe oder etwas tiefer als die angrenzenden Wege liegen. Wenn es die Wege überragt, besteht die Gefahr, dass die Erde abgeschwemmt wird und dass Regen- oder Gießwasser schnell abfließt und verdunstet.

Meistens sind die Anbauflächen von Einfassungen umgeben, deren Aufgabe es ist, das Abrutschen der Erde und die Ausbreitung von Unkraut zu verhindern sowie ein förderliches Kleinklima zu schaffen. Bereits 10–15 cm hohe Einfassungen halten Kälte und Wind in erstaunlichem Maße ab. Dazu verwendete man vor allem Holzbretter, Feldsteine und Steinplatten oder man pflanzte schwachzehrende Nutzpflanzen wie Schnittlauch, Thymian, Sauerampfer oder niedrige Blumen. Wohlhabende Bauern übernahmen schon sehr bald die edle, immergrüne Buchseinfassung, die die strenge Ordnung des bäuerlichen Gartens betont und ihm sogar im Winter Farbe und Struktur verleiht.

Intensiv-Nutzung. Noch besser kann die Fläche im Gärtchen kaum genutzt werden. Nur ein einziger Hauptweg beansprucht unbestellten Boden. Von ihm gehen rippenartig die langen, schmalen Gemüsebeete ab, die durch Trittbretter voneinander abgetrennt sind. Rosen, Beerensträucher und hohe Stauden am Zaun garantieren ein geschütztes Kleinklima im Garten.

Rahmen und Fassung

Beeteinfassungen sollten durchgehend aus einem Material gestaltet werden. Die einfachsten Varianten bestehen aus Steinen, vor allem aber aus Holz, in Form von dicken Brettern (◀), waagerecht verlegten Holzstangen oder senkrecht eingeschlagenen Rundhölzern. Schmuckvolle Einfassungen lassen sich aus Ziegeln oder Klinkern bauen. Werden sie diagonal gestellt, wirken die Beete wie mit einer Zickzack-Bordüre gesäumt (▲). Im Spezialfachhandel sind heute wunderschöne Kantensteine erhältlich, meist Terrakotta- oder Steinguss-Nachbildungen aus viktorianischer Zeit. Von nobler Eleganz künden auch gusseiserne Elemente in Schwarz oder Edelrost. Unschlagbar für Einfassungen ist jedoch der immergrüne Buchsbaum (*Buxus sempervirens)*, vor allem die niedrige Sorte 'Suffruticosa', die mit 15–20 cm Abstand gepflanzt wird. Buchs benötigt jährlich im Juni einen Formschnitt, damit sein hellgrüner Neuaustrieb noch bis zum Winter ausreift. Der immergrüne Rahmen, aber auch Buchsskulpturen wie Kugeln, Pyramiden oder Kegel betonen die formale Struktur von Wegen und Beeten, setzen Akzente und verleihen dem Garten Ruhe und Übersichtlichkeit (▶). Ideal sind Buchseinfassungen deshalb auch für stets unruhig wirkende Rosen-, Kräuter- und Küchenbeete.

Pflanzen-Mix und Mischkultur

Auslaugende Monokulturen sind im Bauerngarten verpönt, stattdessen geben sich Nutzpflanzen und Blumen ein heiteres Stelldichein und bringen dadurch Gesundes, Nützliches und Schönes spielerisch in Einklang. Wie man sieht, vertragen sich Dill, Kohl, Bechermalve und Kokardenblume bestens (▲). Eine gesunde Mischkultur, bei der Pflanzen, die sich gegenseitig fördern und schützen, kombiniert werden, bilden hier roter Pflücksalat, Kohlrabi und Winterheckzwiebeln (◀). Das Ergebnis kann sich sehen lassen. Auch durch Fruchtfolgen vermeidet man das einseitige Auslaugen des Bodens. Günstig sind hierfür vier Beete oder mehr, von denen je eines mit Stark-, Mittel-, Schwachzehrern und Dauerkulturen belegt ist, deren Anbau Jahr für Jahr rotierend wechselt. Wer will, kann aber auch zufällig versamte oder eigene Pflanzenkombinationen ausprobieren.

Das bunte Mit- und Nebeneinander von Gemüse, Kräutern und Sommerblumen belebt den Gartenboden, kräftigt die Pflanzen und bewahrt sie vor vielen Krankheiten. Damit aber nicht genug: In Mischkultur kann enger gepflanzt und somit mehr geerntet werden. Und fürs Auge lassen sich dekorative Nutzbeete kreieren, deren Farbigkeit Zierbeeten in nichts nachstehen muss (▶).

Wege

Wenn der Bauerngarten mächtig zu wuchern beginnt, wird deutlich,
verleihen. Mit ihrem Verlauf und Belag ziehen sie scharfkantige
durch Farbe, Material und horizontalen Charakter von der fröhlichen
trastreich abheben. Obwohl sie einst rein praktischen Nutzen hatten,
Liebhaber zu den wichtigsten Gestaltungsmitteln.

Im Bauerngarten ist die Wegführung immer schnurgerade. Dies ist eines der wichtigsten Gestaltungskriterien, das sie und andere formale Gärten von anderen Gartenstilen unterscheidet, bei denen Wege gerne mit geschwungenem Verlauf wie naturhafte Pfade durch den Garten geführt werden. Im Bauerngarten mussten auch die Wege praktisch sein. Damit die Bäuerin schnell überallhin gelangen konnte, unterteilte meist ein einziger Weg den Garten auf direkte Weise. Vorbild waren hierbei die kundig angelegten und geführten Klostergärten.

In kleinen Gärten gab es ursprünglich nur einen einzigen Hauptweg, der die Fläche in der Mitte durchschnitt. Größere Gärten orientierten sich oft am klösterlichen Vorbild mit seinen gekreuzten Wegen, die das Areal in Viertel segmentierten. Stand innerhalb des Gartenraums noch mehr Platz zur Verfügung, kam ein Rundweg, der parallel zu den Gartengrenzen verlief, hinzu. Auf den so entstandenen Beeten am

dass ihm die Wege Struktur und Halt
Schneisen durch den Garten, die sich
Pflanzenvielfalt in den Beeten kon-
zählen sie für heutige Bauerngarten-

Grünes Band. Zauberhaft sieht ein mit Buchs gefasster Grasweg aus, wenn ihn im Vorfrühling Schneeglöckchen begleiten. Wer sich für Graswege entscheidet, sollte ihre Pflege bedenken und sie in Rasenmäherbreite anlegen.

Zaun pflanzte man gerne hohe Blumen oder Beerengehölze als nützlichen und schönen Windschutz.

Wer einen Bauerngarten anlegen möchte, sollte bei der Wegführung die alten Gestaltungsprinzipien der Symmetrie und Geometrie beachten. Wege haben je nach Breite verschiedene Wertigkeiten. Für Hauptwege empfiehlt sich eine Mindestbreite von 60–120 cm, damit man sie auch mit einem Schubkarren passieren kann. Nebenwege dürfen etwas schmaler sein und für Wege dritten Grades genügen Trittpfade von mindestens 30 cm Breite.

Die Wegbeläge sollten einheitlich sein. Ob lose Auflagen aus grobem Sand, Kies oder Rindenmulch oder Pflastersteine, Klinker oder Natursteinplatten, der Belag wird stets auf eine mit dem Rüttler befestigte Unterlage aus 20–30 cm Grobschotter, 5 cm Feinschotter und 5 cm Kies oder Splitt ausgebracht, um Unkrautwuchs zu unterdrücken.

Wegbeläge – schön und nützlich

Ursprünglich stach die Bäuerin im Herbst ihren winzigen Garten im Ganzen um und trat im folgenden Frühjahr den Weg zu den einzelnen Beeten neu fest. Aber jede Arbeit im Garten führte bei Nässe zu verschlammten Schuhen. Da bedeutet ein sauberer, beständiger Wegbelag mit Materialien aus der Umgebung eine große Arbeitsersparnis. Reiche Bauern verwendeten einst gerne Gerberlohe, also die Rindenschnitzel der Eiche. Heute zählt Rindenmulch zu den preiswertesten Wegauflagen, muss jedoch regelmäßig erneuert werden. Er sollte außerdem nicht ins Gemüsebeet gelangen, da seine Gerbstoffe das Wachstum zarter Gemüse-Jungpflanzen hemmen können (◀).

Fürs Leben angelegt sind Pflasterwege. Der aparte Material-Mix aus Ziegeln und Granitpflastersteinen hat hohen Zierwert. Er betont die Wegführung und verleiht zusammen mit der Buchsrabatte dem Garten auch im Winter farbige Lebendigkeit (▲).

Auch moderne Ziergärten können nach traditionellem Muster konzipiert werden. Das Wegkreuz mit Rondell und Brunnen ist dem klassischen Bauerngarten ebenso abgeschaut wie die gemischte Bepflanzung, die hier allerdings aus Zierpflanzen besteht. Trog und Wege sind einheitlich aus Granit (▶).

Pflanzenschutz und Gartenschmuck

Neben den drei Hauptakteuren des Bauerngartens, den Strukturbild-
den Pflanzen andererseits räumte man ursprünglich nur noch solchen
pflege oder dem Schutz von Pflanzen und Tieren dienten. Nicht
kung herrschaftlicher Gärten im Bauerngarten sichtbar Gestalt an:
mend attraktiver gestaltet, bis sogar rein Dekoratives Eingang fand.

Damit Gartenpflanzen auch den heißesten Sommer gut überstehen, ist ihre Versorgung mit Wasser eine der wichtigsten Pflegemaßnahmen. Schon früh sammelte man deshalb Regenwasser in Holzfässern oder Steintrögen oder schlug sogar eine Pumpe ins Grundwasser.

Kompoststellen gab es im traditionellen Bauerngarten nicht, man hatte ja den Misthaufen. Heute können nur wenige darauf zurückgreifen, vor allem schätzt man Kompost als idealen Bodenverbesserer. Die Recyclingstelle für Gartenabfälle gehört unbedingt in den heutigen Garten und sollte möglichst etwas abseits im Schutz robuster Gehölze wie Holunder oder Haselnuss liegen. Man kann sie zudem mit hohen Sonnenblumen oder herabrankenden Nährstoff-Fressern wie Kürbis oder Zucchini kaschieren.

Pflanzenschutz beginnt mit einem Zaun, der Vieh, Haus- und Wildtiere abhält. Gegen Naschaktionen von Vögeln helfen Federspiele, bei

nern Beete und Wege einerseits sowie Dingen Platz ein, die der Pflanzen-lange aber, dann nahm die Vorbildwir-Nützliche Elemente wurden zuneh-

denen man Kartoffelhälften mit Federn spickt und an Holzstäbe bindet. Glitzernde Aluminiumstreifen wirken unattraktiv, während metallene Katzenköpfe mit funkelnden Augen oder Vogelscheuchen gleichzeitig ein reizender Gartenschmuck sind. Heute ist man jedoch bestrebt, die Nützlinge zu fördern und ihnen mit Starenkobeln oder Vogelhäusern ein Heim anzubieten.

Ein reiches Sortiment witterungsbeständiger und dekorativer Halterungen für Pflanzen wie Rosenbögen, -stäbe, Obelisken oder Rankwände eröffnet Gartenfreunden die Möglichkeit, Anregungen des englischen Cottage-Gartens aufzugreifen und in moderne ländliche Gärten hineinzutragen. Viele dieser Elemente wirken ebenso wie Vogeltränken oder Sonnenuhren wunderschön inmitten eines Wegkreuzes. Sie bilden vertikale Blickfänge, die den Garten räumlich betonen und interessanter erscheinen lassen.

Gießkannen-Potpourri. Werden die Kannen am Morgen gefüllt, erwärmt sich tagsüber das Wasser darin, sodass es abends zur Gießzeit abgestanden und temperiert ist – genau so, wie Pflanzen es lieben. Lange Gießtüllen ermöglichen es, das Wasser genau an die Basis der Pflanzen zu bringen und nicht auf ihr Laub, was sie vor Pilzkrankheiten schützt.

Größere Sitzplätze für gemütliche Runden sind in ländlichen Gärten erst neueren Datums. Dort, wo sich heute vor allem unter städtischem Einfluss die strengen Grenzen zwischen Gemüse- und Obstgarten zugunsten größerer Garteneinheiten auflösen, kann man im Schatten von Bäumen, umringt von Blumen und Schmetterlingen, den Sommer genießen. Weiße Rispen-Hortensie (Hydrangea paniculata) *und gelber Sonnenhut* (Rudbeckia fulgida) *umspielen die Sitzgruppe mit Sommerfarben.*

Schöpfbrunnen, Trog und Regentonne

Häufig befand sich die Wasserstelle, meist ein Brunnen mit Trog, außerhalb des eingezäunten Bauerngartens und versorgte gleichermaßen Pflanzen und Vieh. Der Trog war traditionell aus Naturstein oder einem mächtigen Eichenstamm (▲) gearbeitet.

In Hausnähe wird Regenwasser gern in alten Holzfässern oder Tonnen gesammelt, indem man es von Fallrohren mit Hilfe eines ausklappbaren Wasserabscheiders abzweigt. Sind die Dachrinnen weit vorgezogen, genügt es auch, das Regenfass einfach darunter zu stellen. Allerdings sollte der Auffangbehälter dann auf einer hohen Kiesschicht stehen, damit überschüssiges Wasser versickern kann.

In der Mitte eines Wegkreuzes verleihen runde Schöpfbecken aus Naturstein dem Gartenbild Charme und ersparen dem Gartenfreund lange Gießwege. Mit einer Pumpe gekoppelt, machen sie von Niederschlägen unabhängig – wie dieser Granitbrunnen inmitten von Mutterkraut *(Tanacetum parthenium)*, Vexiernelke *(Lychnis coronaria)*, Riesenglockenblumen *(Campanula lactiflora)* und Frauenmantel *(Alchemilla mollis)* (▶).

Ein ländlicher Obstgarten (◀) mit angrenzendem Bach und Ziergarten. Im Gemüsegarten ist ein Bach eher untypisch.

Bank und Laube

Der Schlüssel zum bäuerlichen Paradiesgärtlein war die Gartenbank. Hier konnte man eine Verschnaufpause einlegen und mit Stolz die selbst gezogene Pflanzenpracht genießen oder auch das frisch geerntete Gemüse vorputzen. Dieser stabilen Holzbank spenden Bäume aus der Obstwiese kühlen Schatten und man hat einen wunderschönen Blick auf den prächtigen Gemüsegarten (►). Die Fortentwicklung der Gartenbank führte zur überdachten Laube. Sie bietet Schutz vor Regen und Wind, dient zum Abstellen der Gartengeräte ebenso wie zum Lagern von Bohnenstangen, Bindematerial, Erntekörben und vielem mehr. Geschützt vor Wind und Sonne lassen sich hier im Frühjahr vorkultivierte Pflänzchen ans Freie gewöhnen und später im Jahr Blumen oder Kräuter optimal trocknen. Diese verwunschene Laube steht im Schutz von Erle und Holunder und erfreut das Auge mit dem prachtvollen Anblick von leuchtend blauem Rittersporn (▲). Besonders romantisch wirken Lauben, wenn sie mit duftenden Kletterrosen, Geißblatt oder Clematis berankt werden. Sitzplätze im Bauerngarten sollten immer von Blumen und Duft umgeben sein. An eine romantische Szene aus dem Cottage-Garten erinnern die alten Klappstühle zwischen Akeleien *(Aquilegia,* ◄).

Pflanzenschutz und Dekoration

Schöne, alte Gartenutensilien erleben zur Zeit eine große Renaissance. Edle Gerätschaften, nostalgische Pflanzen-Etiketten, viktorianische Einfassungen und vieles mehr können – mit Feingefühl ausgewählt – auch im heutigen Bauerngarten Platz finden.
Nostalgie pur verkünden die dekorativen Bell Jars, Glasglocken aus dem England Queen Victorias, die bei Spätfrostgefahr einzelnen Pflanzen übergestülpt werden, aber auch beim Treiben und Verfrühen von Salat oder Rhabarber gute Dienste leisten (▲) .
Vogelscheuchen zu basteln macht nicht nur Kindern Spaß. Vögel lassen sich damit auf ansehnliche Weise vertreiben (◀). Wer es einfacher haben möchte, kann Kirschbaum und Johannisbeersträucher vorübergehend auch mit einem Netz verhängen. Damit Vögel sich nicht darin verfangen, sollte es bis nach unten reichen und am Boden befestigt oder am Stamm zugebunden werden.
Rosenkugeln sind Lieblinge des Bauerngartens. Angeblich sollte ihr Funkeln einst Raubvögel und böse Geister abschrecken. Auf alle Fälle tupfen sie in blüteloser Zeit fröhliche Farben aufs Beet, und können auch zusammen mit Blüten bezaubernde Farbharmonien eingehen. Sie sollten jedoch auf ihrem kahlen Stab nie einzeln, sondern immer inmitten von Grün oder Blumen stehen (▶).

Gemüse und Kräuter

Ein Bauerngarten garantiert einen abwechslungsreichen Speiseplan auch ein zum Wiederentdecken vieler köstlicher, in Vergessenheit gera- zum Ausprobieren beliebter Gerichte unserer Vorfahren oder moti- eigenen Speisezettel. Darüber hinaus beschert die Methode, Gemüse falt anzubauen, auch bezaubernde Gartenbilder.

In Bauerngärten fand jedes Gemüse Aufnahme, das pflegeleicht und widerstandsfähig war. Ein Teil davon musste auch lagerfähig oder frosthart sein, um die Versorgung im Winter zu gewährleisten. So erklärt sich, weshalb Kohl, Zwiebeln, Lauch, Sellerie und Wurzelgemüse einst so verstärkt kultiviert wurden. Viele Exemplare aus der Ahnengalerie der Gemüse sind heute beim Händler nicht mehr erhältlich, lassen sich aber im Garten problemlos ziehen. Sicher einen Versuch wert sind die köstlichen Rüben oder Knollen von Pastinake, Haferwurz, Kerbelrübe und Knollenziest oder Goethes geliebte Teltower Rübchen, während als Blattgemüse oder Salat Gartenmelde, Sauerampfer, Erdbeerspinat, Portulak, Amaranth und Guter Heinrich dem Gaumen Abwechslung bieten. Rot- und gelblaubige Sorten der Gartenmelde, wie zum Beispiel Amaranth, können übrigens auch als Zierpflanzen Beete bereichern.

mit frischem Obst und Gemüse, er lädt tener Gemüse und Kräuter, verführt viert gar zu ihrer Übernahme in den und Kräuter in bunt gemischter Viel-

Bäuerlicher Erntesegen. Der nährstoffbedürftige Kürbis, der gerne auf dem Kompost angebaut wird, erlebt heute ein großes Comeback in der feinen Küche.

Während man heute von den Kräutern vor allem Küchenkräuter zur kulinarischen Verfeinerung im Garten anbaut, kam früher den Färbe- und Heilpflanzen die größere Bedeutung zu. Aus Krapp *(Rubia tinctoria)* gewann man Rot, aus Färber-Wau *(Reseda luteola)* Gelb und aus Färber-Waid *(Isatis tinctoria)* Blau. So wurden viele unserer heutigen Blumen oder Küchenkräuter ursprünglich nur ihrer heilsamen Wirkung oder ihres Duftes wegen geschätzt. Mancher Pflanze mit starken ätherischen Ölen sprach man zudem magische Kräfte zu, zum Beispiel Wermut, Rosmarin, Liebstöckel oder Eberraute.

Zahlreiche Kräuter lassen sich sehr schön im Beet mit Gemüse oder Blumen kombinieren. Die besonders mächtigen unter ihnen wie Liebstöckel, Engelwurz, Fenchel oder Alant sollten jedoch besser im Hintergrund von Blumenbeeten oder am Rand stehen.

Gut geplant ist reich geerntet

Im Einklang mit der Natur wurde dieser prächtige Nutzgarten vor über 25 Jahren angelegt und wird seitdem mit viel Sachkenntnis gepflegt. Die natürliche Fruchtbarkeit des Bodens wird mit Kompost und organischem Dünger sowie mit dem Anbau von Gemüse im Fruchtwechsel gefördert. Dauerkulturen wie Erdbeeren setzt man in Mischkultur mit Zwiebeln, die sie vor Pilzerkrankungen schützen. Grundlage für die gesunde Pflanzenpracht sind jährlich neu erstellte, detaillierte Anbaupläne für den Fruchtwechsel.
Ein Kupferzaun mit eingerollter Kante dient dazu, Schädlinge abzuhalten (▲). Auf diese Weise kann auf Schneckengift verzichtet werden. Den Erfolg dieser Methode zeigen die verschiedenfarbigen Salatsorten, die mit ihrer bunten Vielfalt auch das Auge erfreuen.
Zwischen Blumen und Kräutern lädt ein lauschiger Sitzplatz ein, Tomaten und Radieschen frisch vom Beet zu genießen. Das Gewächshaus im Hintergrund ermöglicht schon früh im Jahr die Anzucht von Gemüse und Blumen. Später bietet es dann Wärme liebenden Gurken, Tomaten und Paprika ideale Wachstumsbedingungen (◀).
Bodenfördernde Ringelblumen und Zinnien krönen die Gemüsevielfalt mit heiteren Farbtupfern (▶).

Gemüse richtig ziehen

Richtig angelegte Mischkulturen führen nicht nur zu abwechslungsreichen Gartenbildern, sondern auch zu reichen und gesunden Ernten. Da Pflanzen ober- wie unterirdisch in ständigem Austausch miteinander stehen, können sich manche fördern, andere mit ihren Stoffwechselprodukten jedoch gegenseitig hemmen. Gute Partner wehren zum Beispiel Schädlinge voneinander ab, wie Möhren mit Zwiebeln oder Kohl mit Sellerie oder Tomaten.
So können passende Nachbarn, die sich ober- oder unterirdisch ergänzen, enger gepflanzt werden, was eine reichere Ernte verspricht. Bewährte, Platz sparende Kombinationen sind Salat mit Radieschen und Kohlrabi oder Salat mit Zwiebeln (▲).
Die Wärme liebenden Tomaten werden in rauen Regionen gerne vor Wärme speichernden Südwänden gezogen. Fehlt die Beetfläche, setzt man sie in Kübeln vor die Haus- oder Stallwand (◀).
War im traditionellen Bauerngarten der Platz knapp, wich man mit Kohl und Stangenbohnen schon mal in den Krautgarten am Feldrand aus. Wie schön diese Mischkultur heutige Gärten bereichern kann, beweist dieses Beispiel, in dem Rote Bete noch Farbakzente setzen (▶). Ein weiterer Vorteil: Stangenbohnen benötigen wenig Fläche und bieten außerdem guten Sichtschutz.

Kräuterzauber

Kräuter erfüllen den Garten mit dem Duft ihrer ätherischen Öle und locken mit zierlichen Blüten zahlreiche Insekten an. Viele lassen sich wunderschön mit Gemüse, Sommerblumen, Stauden und Rosen kombinieren und können, da sie sich gut versamen, Jahr für Jahr an einem neuen Platz im Garten überraschen.

Schnittlauch ist mehrjährig und treibt nach dem Abschneiden immer wieder aus. Dankbar nutzte man ihn schon lange als dekorative und nützliche Beeteinfassung. Als Zwiebelgewächs schützt er Erdbeeren vor Pilzkrankheiten, Möhren vor der Möhrenfliege und Salat vor Blattläusen (▲).

Die meisten Kräuter gedeihen gut in Gefäßen. Empfehlenswert ist dies vor allem bei Wärme liebenden Pflanzen, die im Haus überwintert werden müssen, wie Rosmarin und Lorbeer oder beim schneckenanfälligen Basilikum. Auch für Kräuter, die zum Wuchern neigen, wie Minzen, empfiehlt sich bei wenig Platz die Kübelkultur. In schönen Gefäßen lassen sich alle Kräuter wie hier Salbei und Oregano dekorativ und Platz sparend präsentieren (◀).

Der einjährige Dill sieht zu Stauden und Sommerblumen bezaubernd aus (▶). Er fördert aber auch Bohnen, Erbsen, Gurken, Kohl und Salat, von dem er Blattläuse und Kohlweißlinge abhält.

Zeit der Ernte. Viele Kräuter und Blumen aus dem Bauerngarten lassen sich trocknen. Dazu die Pflanzen bündeln und kopfüber an einem schattigen, luftigen Ort aufhängen. Die Blätter getrockneter Kräuter halten das Aroma besser, wenn sie nicht zerkleinert werden. Von links nach rechts trocknen hier Lampionblume (Physalis alkekengi *var.* franchetii), *Statice* (Limonium sinuatum), *Dill, Salbei, Lavendel, Estragon, Majoran, Mohnkapseln, Rosmarin, Thymian, die filigranen Fruchtstände der Jungfer im Grünen* (Nigella damascena) *und Minze.*

Blumen

Blumen zaubern Charme und Stimmung in den Garten und machen einem Erlebnis für alle Sinne. Allerdings verdankten die traditionellen Bauerngarten nicht der Schönheit ihrer Blüten. Eingang fand, was den auch Rose, Lilie, Schwertlilie und Malve, die uns als erste Zier-Karls des Großen erscheinen, damals als Heilpflanzen betrachtet.

Nur allmählich eroberten Blumen als wichtiger Schmuck für Heim, Feste, Kirche und Gräber den Bauerngarten. Um sich über die Jahrhunderte die Sympathie der Bäuerinnen zu erhalten, mussten sie vor allem pflegeleicht sein, denn zum aufwändigen Hegen schwächlicher Pflanzen war keine Zeit. Ihrer Botanik nach lassen sich Blumen in drei Gruppen einteilen:

• Als Sommerblumen bezeichnet man Ein- und Zweijährige. Einjährige Blumen werden jährlich neu aus Samen gezogen, blühen, fruchten und sterben in der gleichen Vegetationsperiode ab, während Zweijährige im Jahr der Aussaat nur Blätter entwickeln und erst im Folgejahr zum Blühen kommen.

• Stauden sind meist langlebige Pflanzen, deren oberirdische Teile im Winter zurückfrieren. Im folgenden Frühling treiben sie aber aus dem Wurzelstock erneut aus.

ihn mit ihren Farben und Düften zu Blumen einst ihre Aufnahme in den nützlich und heilkräftig war. So wurpflanzen in der Landgüterverordnung

Wie ein Blumen-Bukett. Stauden und Sommerblumen sind hier farblich wunderschön kombiniert, ihre feinen Farbabstimmungen erinnern an den Cottage-Garten. In traditionellen deutschen Bauerngärten hingegen findet man oft das heitere, kräftige Kunterbunt satter Grundfarben.

• Zwiebel- und Knollenpflanzen sind ebenfalls mehrjährig und gelten deshalb als Untergruppe der Stauden. Sie besitzen jedoch besondere unterirdische Speicherorgane, in die sie sich nach der Blüte zurückziehen.

Im Bauerngarten können viele Stellen mit Blumen gestaltet werden. Hohe, buschige und robuste Pflanzen dienen vor und hinter dem Zaun auch als zusätzlicher Windschutz. Ein Sitzplatz oder eine Laube sollte möglichst von duftenden Blumen umgeben sein. Zur Einfassung von Beeten werden gerne niedrige Arten gewählt, wie etwa Tagetes, Ringelblumen, Zinnien, Steinkraut, Lavendel, Pechnelke, Katzenminze, Heiligenkraut, Hauswurz oder Schneeglöckchen. Da sich viele Sommerblumen selbst versamen, lässt man sie oft gerne großzügig an der von ihnen gewählten Stelle gewähren, sei's im Gemüsebeet oder in Weg- und Mauerfugen.

Sommerblumen

Seit jeher gelten die ein- und zweijährigen Sommerblumen als farbenfrohe Lückenfüller, auf die man dankbar zurückgreift, wenn es im Garten Ausfälle gibt oder ein frisch angelegtes Staudenbeet noch „Löcher" aufweist. Im Bauerngarten sind sie mehr als das und bestreiten oft den Großteil des Blumenzaubers. Ihr Vorteil: Sie blühen üppig und reich über lange Zeit – manche sogar über Monate – und sind zudem als Schnittblumen für die Vase gut geeignet. Vor allem aber ermöglichen sie ein sehr flexibles Gärtnern: Man kann sie Jahr für Jahr genau dorthin setzen, wo sich gerade noch ein Plätzchen findet. Da sich viele reichlich selbst versamen, ersparen die unkomplizierten Blumen ihrem Pfleger oft sogar die Anzucht. Man gräbt dann die frisch gekeimten Jungpflanzen einfach aus und setzt sie an die gewünschte Stelle.

ANZUCHT: Wer aber sein Sommerblumen-Sortiment verjüngen oder erweitern möchte, kann für wenig Geld Samen erstehen. Meist gibt es Sorten in vielen Farben und unterschiedlichen Höhen. Die Einjährigen können ab März am hellen, aber nicht sonnigen Fenster vorgezogen werden. Wenn kein Frost mehr zu erwarten ist, stellt man die Jungpflanzen zum Abhärten geschützt und schattig einige Tage lang ins Freie, bevor sie dann an die gewünschte Stelle gepflanzt werden. Natürlich kann man sie ab Mai auch direkt ins Beet aussäen, sie blühen dann aber erst spät im Jahr und bleiben meist schwächer. Die Zweijährigen hingegen sät man im Juni in den Garten aus, am besten in ein Früh- oder Anzuchtbeet, wo sie nicht stören. Nach dem Keimen werden die Pflänzchen ausgedünnt. Im Spätsommer oder Herbst erhalten die Jungpflanzen dann ihren endgültigen Platz.

EINJÄHRIGE BAUERNGARTEN-BLUMEN: Beliebt und anspruchslos sind zum Beispiel Fuchsschwanz *(Amaranthus caudatus)*, Ochsenzunge *(Anchusa capensis)*, Löwenmaul *(Antirrhinum majus)*, Sommeraster *(Callistephus chinensis)*, Einjähriger Rittersporn *(Consolida ajacis)*, Schmuckkörbchen *(Cosmos bipinnatus)*, Strohblume *(Helichrysum bracteatum)*, Gartenbalsamine *(Impatiens balsamina)*, Bechermalve *(Lavatera trimestris)*, Levkoje *(Matthiola incana)*, Jungfer im Grünen *(Nigella damascena)*, Reseda *(Reseda odorata)* und Zinnie *(Zinnia elegans)*.

Die Highlights im Bauerngarten beeindrucken aber nicht nur mit ihrer Blütenpracht, sondern haben auch heilkräftige Wirkung:

- Ringelblumen *(Calendula officinalis,* ◀ oben*)* können direkt ins Beet gesät werden. Ihre Blüten locken Nutzinsekten an, während ihre Wurzeln Stoffwechselprodukte absondern, die Wurzelälchen (Nematoden) vertreiben und darüber hinaus zur Bodengesundung beitragen, indem sie den Boden lockern und das Bodenleben anregen. Ringelblumen beeinflussen alle Gemüse-Arten positiv.
- Auch Studentenblumen *(Tagetes erecta, T. patula, T. tenuifolia)* sind gute Begleiter für alle Gemüsepflanzen, da sie ebenfalls Wurzelälchen vergrämen. Wirkung zeigen jedoch nur die streng riechenden Sorten.
- Sonnenblumen *(Helianthus annuus,* ◀ Mitte*)* sind nicht nur Prunkstücke am Zaun, sie sind auch als Gründüngung verwendbar, weil ihre Wurzeln einen locker-feinkrümeligen Boden hinterlassen.
- Kapuzinerkresse *(Tropaeolum majus,* ◀ unten*)* wird gern unter Obstbäume gepflanzt, weil ihr scharfer Geruch Läuse aller Art abwehrt und ihre Wurzeln die Bodengare fördern. Ihre attraktiven Blüten und Blätter können Salaten beigemengt werden, während sich Knospen und Früchte wie Kapern einlegen lassen.

Viele Bäuerinnen lieben ihre einjährigen Kletterpflanzen, die im Beet ebenso gut gedeihen wie in Kübeln. Die kletternde Kapuzinerkresse entfaltet an Holzzäunen ihren ganzen Charme, während Duftwicken *(Lathyrus odoratus,* ▶ oben*)* Eingangsbögen, Stäbe oder Maschendrahtzäune mit zarter Anmut bereichern. Da sie sich mit ihren Blattranken festhalten, finden sie an dünnen Drahtgeflechten den besten Halt. Weitere beliebte einjährige Kletterer sind Zierkürbis *(Cucurbita pepo)*, Japanischer Hopfen *(Humulus scandens)*, Feuerbohne *(Phaseolus coccineus)* und Schwarzäugige Susanne *(Thunbergia alata)*.

ZWEIJÄHRIGE BAUERNGARTEN-BLUMEN: Hier unterscheidet man Frühlingsblüher, die man gut mit späten Zwiebelblumen kombinieren kann, wie Maßliebchen *(Bellis perennis)*, Goldlack *(Cheiranthus cheiri)*, Silberling *(Lunaria annua)*, Vergissmeinnicht *(Myosotis sylvatica)* und Stiefmütterchen *(Viola-Wittrockiana-Hybriden)* sowie Sommerblüher wie Bartnelke (*Dianthus barbatus*, ▶ Mitte), Fingerhut *(Digitalis purpurea)*, Königskerze *(Verbascum densiflorum)*, Marienglockenblume *(Campanula medium,* ▶ unten*)* und Stockrose *(Alcea rosea)*.

Aus dem Füllhorn der Gegensätze. Kühle und warme Töne von Stauden und Sommerblumen vereinigen sich zu einem wahren Feuerwerk der Farben. Vor der mächtigen Kulisse der gelben Sonnenbraut (Helenium-Hybriden) *wiegen sich die zarten Schmuckkörbchen* (Cosmos bipinnatus) *in kapriziöser Anmut.*

Stauden aus dem Bauerngarten

Stauden sind mehrjährige Pflanzen, von denen einige, wie zum Beispiel die Pfingstrosen, am gleichen Platz 30 Jahre und älter werden können. Es ist deshalb wichtig, ihren Standort sorgfältig auszuwählen und sie an eine Stelle zu setzen, die ihre Ansprüche erfüllt. Die Stauden des Bauerngartens sind vorwiegend zwei Lebensbereichen zuzuordnen: Eine kleine Gruppe meist aus der Natur in den Garten eingewanderter Pflanzen schätzt den Halbschatten vor oder unter Laubgehölzen, so etwa Akelei *(Aquilegia vulgaris,* ◀ oben*)*, Maiglöckchen *(Convallaria majalis)*, Christrose *(Helleborus niger)*, Leberblümchen *(Hepatica nobilis)*, Gartenaurikel *(Primula auricula, Primula* x *pubescens)*, Schlüsselblume *(Primula elatior)* und Duftveilchen *(Viola odorata)*. Die überwiegende Mehrheit der Bauerngartenstauden liebt jedoch einen sonnigen Platz in locker humoser Beeterde.

FRÜHLINGSBLÜHER: Von März bis Mai beherrschen die frühlingsblühenden Zwiebelblumen den Bauerngarten und viele der oben genannten Wildstauden, die den Schutz der Gehölze nützen. Auf sonnigen Einfassungen und Mauern bringen Steinkraut *(Alyssum saxatile)* und Gänsekresse *(Arabis caucasica)* frische Farben. Während die gelbe Gämswurz *(Doronicum orientale)* weithin leuchtet, bezaubert das den Halbschatten liebende Tränende Herz *(Dicentra spectabilis)* mit seinem elegant überhängenden Wuchs. Die heute als klassische Bauerngarten-Blume geltende Staude fasste jedoch erst 1847 von China kommend bei uns Fuß. Weniger bekannt ist die reinweiße Sorte 'Alba'.

FRÜHSOMMERBLÜHER: Zur Zeit der ersten Rosenblüte, von Mitte Mai bis Juli, öffnen zahlreiche prächtige Stauden ihre Blüten. Pfingstrose *(Paeonia officinalis, Paeonia-Lactiflora*-Hybriden, ◀ Mitte*)*, Rittersporn *(Delphinium-Elatum*-Hybriden, *Delphinium-Belladonna*-Hybriden, ◀ unten*)*, Gartenmohn *(Papaver orientale)* und Bartiris *(Iris germanica, Iris-Barbata*-Hybriden, ▶ oben*)* sind wohl die dominantesten Vetreter, die alle viele Sorten aufweisen. Nicht minder reizvoll aber sind Goldgarbe *(Achillea filipendulina)*, Pfingstnelke *(Dianthus gratianopolitanus)*, Federnelke *(Dianthus plumarius)*, Lupine *(Lupinus polyphyllus)*, Brennende Liebe *(Lychnis chalcedonica)*, Katzenminze *(Nepeta* x *fassenii)*, Bunte Margarite *(Tanacetum* *coccineum)* und Sommermargerite *(Leucanthemum-Maximum-*Hybriden*)*. Von den niedrigen Einfassungspflanzen haben jetzt Mauerpfeffer *(Sedum acre)*, Porzellanblümchen *(Saxifraga* x *urbium)* und Hauswurz *(Sempervivum tectorum)* ihren großen Auftritt, während Frauenmantel *(Alchemilla mollis)* und viele Storchenschnabel-Arten *(Geranium)* sich auch im Halbschatten wohlfühlen.

HOCHSOMMERBLÜHER: Von Juli bis August und noch länger blüht der Phlox *(Phlox-Paniculata-*Hybriden, ▶ Mitte*)* in prächtigen Doldentrauben. Ihn begleiten viele gelbe Korbblütler wie das Sonnenauge *(Heliopsis helianthoides* var. *scabra,* ▶ unten), das mit Phlox fulminante Farbkombinationen ergeben kann, Sonnenbraut *(Helenium-*Hybriden*)*, Sonnenhut *(Rudbeckia fulgida* var. *sullivantii)* und Mädchenauge *(Coreopsis-*Arten*)*. Gelbe und warme Rottöne finden sich auch bei Goldrute *(Solidago-Hybriden)*, Alant *(Inula-*Arten*)*, Nachtkerze *(Oenothera tetragona)* und Taglilien *(Hemerocallis-*Hybriden*)*, während Kugeldistel *(Echinops-*Arten*)*, Edeldistel *(Eryngium alpinum)* und Indianernessel *(Monarda-*Hybriden*)* eher das kühle blaue und violette Spektrum vertreten. Blühende Einfassungen bilden Lavendel *(Lavandula angustifolia)*, Heiligenkraut *(Santolina chamaecyparissus)* und rotes Teppichsedum *(Sedum spurium)*.

SPÄTSOMMER- UND HERBSTBLÜHER: Von August bis Oktober ist Asternzeit. Mit ihnen schwenkt das vorwiegend warmtonige Farbspiel des Hochsommers in kühles Violett und Blau um, wenn nicht Dahlien in glühenden Farben für ein Gegengewicht sorgen. Neben den hohen Glattblatt- und Raublattastern *(Aster novi-belgii, Aster novae-angliae)* wiegen sich am Zaun die zarten Blüten der Herbstanemone *(Anemone hupehensis)* oder die goldenen Blüten der Staudensonnenblume *(Helianthus-*Arten*)*. Hoch ragen auch die leuchtend blauen Rispen des hochgiftigen Herbsteisenhuts *(Aconitum carmichaelii)* auf, der einen ausdrucksvollen Hintergrund für hohe Fetthenne *(Sedum spectabile, Sedum telephium)* und Kissenaster *(Aster dumosus)* bildet. Blau in allen Varianten zeigt auch nochmals der Rittersporn, wenn er nach der ersten Blüte zurückgeschnitten wurde. Jetzt trumpft auch die nostalgische Lampionblume *(Physalis alkekengi* var. *franchetii)* auf, indem sie ihre unscheinbaren weißlichen Blüten in orangefarbene, haltbare Lampions verwandelt, die den Winter über schon die Vasen unserer Großmütter zierten.

Zwiebel- und Knollenpflanzen

Von Juni bis Herbst ziehen die prachtvollen Gladiolen und Dahlien (▲) alle Blicke auf sich. Sie werden ab Mai gepflanzt. Vor Frostbeginn schneidet man die empfindlichen Blumen zurück und überwintert ihre Knollen dunkel und frostfrei auf Sand.

Die Gartensaison wird von niedrigen Zwiebel- und Knollenpflanzen eröffnet wie Krokus, Winterling *(Eranthis hyemalis)*, Schneeglöckchen *(Galanthus nivalis)* und Märzenbecher *(Leucojum vernum)*, die auch unter Gehölzen verwildern können. Etwas später folgen dann die imposanteren Vertreter fürs Beet, die Tulpen oder wie hier im Eingangsbereich eines herrschaftlichen Bauernhauses Narzissen und Hyazinthen (◄). Gern gesehene Gäste sind die stattlichen Kaiserkronen *(Fritillaria imperialis)*, deren starker Knoblauch-Geruch Wühlmäuse abwehrt. Pflanzzeit für all diese Frühlingsblüher ist stets der Herbst.

Im Frühsommer setzt die Blüte der zauberhaften Lilien ein. Robuste Arten wie Madonnenlilie *(Lilium candidum)*, Königslilie *(Lilium regale)* (►), Feuerlilie *(Lilium bulbiferum)* und Türkenbundlilie *(Lilium martagon)* entfalten in Bauerngärten schon seit Jahrhunderten Anmut und süßen Duft. Pflanzzeit für ihre Zwiebeln ist September, für Madonnenlilien sogar schon der August.

Balkon- und Kübelpflanzen

Petunien in Blau und Weiß wirken immer erfrischend. Dazwischen verbreitet Zweizahn *(Bidens ferulifolia)* ein wenig Sonnengelb (▲). Während man früher an Bauernhäusern häufig Zierspargel *(Asparagus densiflorus)* und Blattkakteen *(Epiphyllum*-Hybriden*)* antraf, findet man heute das ganze reichhaltige Sortiment der Balkonblumen, darunter Leberbalsam *(Ageratum houstonianum)*, Begonien, Pantoffelblume *(Calceolaria integrifolia)*, Gebirgshängenelke *(Dianthus caryophyllus)*, Elfensporn *(Diascia barberae)*, Fuchsie, Vanilleblume *(Heliotropium arborescens)*, Fleißiges Lieschen, Lobelie, Fächerblume *(Scaevola saligna)* und Verbene.
Neben der Eingangstür oder entlang der Hausfront stehen die Kübelpflanzen. Waren es ehedem vor allem Rosmarin, Myrte *(Myrtus communis)*, Spindelstrauch *(Euonymus japonicus)* und Buchs (◀), kamen später Blütenpflanzen wie Oleander, Engelstrompete, Hortensie, Wandelröschen und andere Exoten hinzu.
Ein Bauerngarten eigener Art ist der Topfgarten in Kästen, Ampeln oder Kübeln am Haus. Die Ton-in-Ton gehaltene Bepflanzung aus Pelargonien und Petunien zeigt deutlich, dass Blumenkästen am Haus sowohl repräsentativer Schmuck wie Vermittler zwischen Haus und Garten zugleich sind (▶).

Gehölze

Haus- und Obstbäume, Beeren- und Ziersträucher, Klettergehölze Umgebung nicht wegzudenken. Große Bäume und Sträucher strahlen rem Schatten zu sitzen und sind oft treue Begleiter für ganze Gene- des Bauerngartens haben sich jedoch nur wenige Sträucher Zutritt lang des Zaunes, um die Pflanzen in den Beeten nicht zu beschatten.

Kein alter Bauernhof ist ohne Hausbaum. In der Nähe dieser mächtigen Solitärgehölze fühlte man sich sicher vor bösen Geistern und Unwettern. Hausbäume sind immer Laubbäume, die mit Austrieb, Blüte, Frucht, Laubfärbung und Blattfall den Verlauf der Jahreszeiten sichtbar machen und deren dichtes Blätterdach im Sommer kühlen Schatten spendet. Stand viel Platz zur Verfügung, pflanzte man Sommer- oder Winterlinde *(Tilia platyphyllos, T. cordata)*, Stiel- oder Traubeneiche *(Quercus robur, Qu. petraea)*, Berg- oder Spitzhorn *(Acer pseudoplatanus, A. platanoides)*, Rosskastanie *(Aesculus hippocastanum)* oder Esche *(Fraxinus excelsior)* oder aber Nutzgehölze wie Birne, Apfel, Pflaume – vor allem auch die mächtige Walnuss, deren Laub zudem Mücken vertreibt. Bei knappem Raum waren Rot- und Weißdorn *(Crataegus laevigata* 'Paul's Scarlet', *C. monogyna)*, Eberesche *(Sorbus aucuparia)*, Quitte, Mirabelle und Rosen sind aus der bäuerlichen Ruhe und Kraft aus, laden ein, in ih- rationen. In den umzäunten Bereich verschafft. Diese stehen meist ent-

und Mispel *(Mespilus germanica)* beliebt. Wer einen Hausbaum pflanzen möchte, sollte sich genau über die spätere Größe des Baums informieren. Günstige Pflanzzeiten für alle Gehölze sind Herbst oder Frühjahr.

Im Unterschied zum Hausbaum benötigen Klettergehölze nur wenig Fläche. Ob sie nun Haus, Scheune, Zaun, Bogen oder eine Laube beranken, sie können unschöne Stellen kaschieren, märchenhaften Charme verbreiten und Vögeln und Insekten als Heim dienen. Für sonnige Stellen eignen sich Kletterrosen, Glyzine *(Wisteria sinensis)*, Clematis, Wilder Wein *(Parthenocissus*-Arten*)* und duftendes Geißblatt *(Lonicera*-Arten*)*, die alle ein Rankgerüst benötigen. Im Schatten hingegen fühlen sich Efeu *(Hedera helix)* und Kletterhortensie *(Hydrangea petiolaris)* wohl, Selbstklimmer, die sich mit ihren Haftorganen an Wänden festhalten können.

Hausbaum. Auch Birken ergeben anmutige Solitärs. Da sie wie der Ahorn flach wurzeln, können sie eventuell den Graswuchs beeinträchtigen, dem sie Nährstoffe und Wasser entziehen. Unter Pfahlwurzlern wie Linde oder Esche hingegen bleibt der Rasen grün.

Mußestunden im Mai. Blühende Apfelbäume säumen den Rand dieses naturhaften, ländlichen Gartens und veranstalten zusammen mit den Frühlingsblumen zu ihren Füßen ein rauschendes Blütenfest. Tulpen, weiße Hasenglöckchen (Hycinthoides hispanica), *Tränendes Herz* (Dicentra spectabilis), *Vergißmeinnicht* (Myosotis sylvatica) *und Akelei* (Aquilegia-*Hybriden) vertragen den Halbschatten unter Bäumen gut.*

Beerensträucher

Johannisbeer-Sträucher spenden in traditionellen Gärten vor oder hinter dem Zaun Windschutz (▲). Für kleine Gärten empfehlen sich Hochstämmchen, die viel weniger Platz benötigen und noch farbenfroh mit Ringelblumen, Kapuzinerkresse oder Tagetes unterpflanzt werden können. Sehr reizvoll wirken sie in den vier Ecken eines Wegkreuzes oder als Höhepunkt eines Rondells. Man unterscheidet frühe, mittelfrühe und späte Sorten, wobei rote und weiße Sorten selbstfruchtbar sind, schwarze nicht immer. Rote und weiße Sorten können also auch als Solitär gepflanzt werden, fruchten jedoch reicher in Gesellschaft. Gleiches gilt für Stachelbeeren, von denen es gelbe, grüne und rote Sorten gibt.

Weinreben können bis in raue Lagen einwandern, wenn man sie an der Südseite von Gebäuden wie Kletterpflanzen zieht (◀).

Himbeerruten benötigen den Halt eines Drahtspaliers, während strauchig wachsende Sorten ohne Stütze auskommen.

Brombeeren ermöglichen an sonnigen Plätzen ein vielfältiges Gestalten. An kräftigen Spalieren lassen sie sich an der Hauswand (▶) ebenso ziehen wie frei stehend als Raumteiler. Zum Beranken eines Eingangsbogens, einer Pergola oder einer Laube sollte man aus Sicherheitsgründen stachellose Sorten wählen.

Obstbäume

Ob Kernobst wie Apfel und Birne oder Steinobst wie Kirsche, Zwetschge oder Mirabelle, Obstbäume standen nie im umzäunten Bauerngarten, sondern in dem sich anschließenden Obstgarten, in dem die üblichen Hochstämme mit ihrem Kronendurchmesser von 6 –15 m auch genügend Platz fanden. Das niedrige Buschobst für die kleinen Gärten unserer Tage gab es früher noch nicht.

Süßkirschen (▲) sind in der Regel großwüchsig und auf Fremdbestäubung angewiesen. Sie sollten deshalb nur gepflanzt werden, wenn genügend Platz für weitere Befruchtersorten vorhanden ist. Bei Sauerkirschen gibt es hingegen Sorten mit zierlicherem Wuchs, die selbstfruchtbar sind.

Bei der Wahl eines Apfelbaums (◄) bestimmt das Platzangebot die Baumgröße (zum Beispiel Hochstamm, Halbstamm, Buschbaum oder Spindelbusch), außerdem ist auf die Sorte zu achten, denn von ihr hängen Erntezeit und -dauer, Lagerfähigkeit und Geschmack der Äpfel ab, sowie die möglichen Befruchtersorten.

Steht wenig Platz zur Verfügung, kann Obst auch am Spalier an der Hauswand gezogen werden. Am häufigsten findet man Birnenspaliere (►), aber auch Apfel, Sauerkirsche, Aprikose und Pfirsich entwickeln sich in Süd- oder Südostlagen gut.

Wild- und Ziersträucher

Innerhalb des traditionellen Bauerngartens gibt es nur wenige Sträucher, denn der Platz ist knapp.
Noch heute werden wegen ihrer schönen Blüten Flieder *(Syringa vulgaris)* (▲), Gemeiner Schneeball *(Viburnum opulus)*, Hortensie *(Hydrangea macrophylla)* (◀), Bauernjasmin *(Philadelphus coronarius)* und Rosen sehr geschätzt.
Daneben zog man immergrüne Gehölze wie Buchs *(Buxus sempervirens)*, Eibe *(Taxus baccata)*, Stechpalme *(Ilex aquifolia)* und den giftigen Sadebaum *(Juniperus sabina)* für winterlichen Grabschmuck. Der hochgiftige, dem Volksglauben nach mit Zauberkräften ausgestattete Sadebaum ist nicht zu empfehlen, da er dem Birnengitterrost als Zwischenwirt dient.
Um die Wildsträucher wie Haselnuss *(Corylus avellana)* (▶), Holunder *(Sambucus nigra)* und Kornelkirsche *(Cornus mas)*, deren wohlschmeckende Früchte man in der Küche und für Heilzwecke nutzte, rankt sich auch so mancher magische Glaube. So galt Holunder, der sich gern im Schutz einer Hütte oder eines Zaunes von allein ansiedelt, als Sitz guter Geister, die vor Hexen und Dämonen schützen. Blüten, Beeren, Blätter und das Mark seiner Triebe wurden auch als Heilmittel eingesetzt.

Rosen

Unter den klassischen Rosen des Bauerngartens sind viele Wildrosen, die zwar nur einmal blühen, dafür aber mit prächtigem Hagebutten-Schmuck (▲) aufwarten, aus dem sich köstliche Konfitüre herstellen lässt. Besonders häufig findet man Essigrose *(Rosa gallica)*, Bibernellrose *(Rosa pimpinellifolia)*, Weinrose *(Rosa rubiginosa)* und die Kartoffelrose *(Rosa rugosa)* mit ihren großen Hagebutten.

Auch duftende Alte Rosen, wie die weißen oder zart rosafarbenen Alba-Rosen *(Rosa* x *Alba)* mit ihrer ausgezeichneten Frosthärte, Sorten der dicht gefüllten Zentifolien *(Rosa centifolia)*, Sorten der Damaszener-Rose *(Rosa damascena)* und der anspruchslosen, winterharten Gallica-Rosen waren hoch geschätzt.

Heute sind in Bauerngärten vor allem moderne, öfter blühende Rosen gefragt, zum Beispiel robuste Kletterrosen für Hauswand oder Rosenbogen wie 'New Dawn' (◀).

Für Hochstämmchen (▶) ist auch im kleinsten Garten Platz. Sie lassen sich bezaubernd unterpflanzen mit Sommerblumen wie weißem Duftsteinrich oder wie hier mit Löwenmaul. Lavendel ist ein idealer Nachbar, denn er wehrt Blattläuse ab und duftet mit den Rosen um die Wette.

Alte und neue Gärten

Bauerngärten sind zeitlose Paradiese, die auf uralte Traditionen zu
Art lassen sie uns Natur hautnah spüren und kommen so der wei
dem Leben in und mit der Natur entgegen. Gleichzeitig sind sie abe
ren Gestaltungsprinzipien, bewährten Pflanzmustern und robuster
Land, aber auch in der Stadt verwirklichen und modifizieren lassen.

Wer kann sich schon dem sommerfrohen Charme eines Bauerngartens entziehen und möchte nicht ein wenig davon im eigenen Garten genießen? Mit etwas Fingerspitzengefühl lässt sich dies verwirklichen, obwohl sich heutige Gärten in wesentlichen Punkten vom herkömmlichen Bauerngarten unterscheiden:

- Moderne Gärten haben einen Freizeitwert, sollen nicht nur Nutzgarten, sondern vor allem auch Wohn- und Lebensraum sein.
- Deshalb werden sie meist primär nach ästhetischen Kriterien gestaltet. Zierpflanzen sind oft wichtiger als Nutzpflanzen.
- Heutzutage werden oft Obstbäume im Garten gewünscht. Wer Platz hat, kann traditionelle Hochstämme setzen, für Besitzer kleiner Gärten stehen zahlreiche Kleinformen zur Verfügung.

In aktuelle Gärten können verschiedene Elemente des Bauerngartens übernommen werden, etwa der formale Stil, sein Prinzip

rückblicken. In ihrer ungekünstelten verbreiteten Sehnsucht nach gesun- auch lebendige Gartenkultur mit kla- Pflanzen, die sich in Gärten auf dem

Wohnen im Grünen. Der idyllische Sitzplatz hat zahlreiche Elemente aus dem Bauerngarten entlehnt: Ein Obsthochstamm, mit heilsamer Kapuzinerkresse unterpflanzt, spendet behaglichen Schatten, während robuste Stangenbohnen am Zaun unerwünschte Blicke abschirmen.

der gemischten Bepflanzung oder Teile seines Pflanzensortiments. Wichtig ist, dass Umfeld, Haus und Garten zueinander passen.

• Nüchterne Gebäude gewinnen etwas vom Charme eines Bauerngartens, indem man sie mit Balkon- und Kübelpflanzen schmückt oder das Haus mit Kletterpflanzen begrünt.

• Kleine Gärten und Reihenhausgärten nutzen als Freizeitraum meist die Terrasse. Der Garten kann deshalb nach Bauerngarten-Manier mit Wegen und Buchseinfassungen formal gestaltet werden – ganz gleich, ob dann auf den Beeten Rosen, Blumen, Kräuter, Gemüse oder Kombinationen gepflanzt werden.

• Größere, elegante Ziergärten lassen sich mit Rabatten von Bauerngartenblumen beleben. Wer dies wünscht, kann auch eine Gartenpartie durch Hecke, Pergola oder Obstspalier abtrennen und dahinter einen kleinen, ländlichen Nutzgarten anlegen.

Lebendige Tradition

Eng schmiegt sich dieser Selbstversorger-Garten in den Schutz des Gehöfts, um wie seit Hunderten von Jahren im rauen Klima des Schwarzwaldes zu bestehen.

Robuste, buschige Stauden wie Goldrute *(Solidago*-Hybriden*)*, rosa Phlox *(Phlox-Paniculata*-Hybriden*)* und noch nicht erblühte Raublattastern *(Aster novae-angliae)* prägen als langjährige Zaungäste das Kleinklima im Garten und sind ein hilfreicher Begleitschutz für die gemischte, nützliche Pflanzengesellschaft (▲).

Vergnügt blicken Hängepelargonien *(Pelargonium-Peltatum*-Hybriden*)* und gelber Zweizahn *(Bidens ferulifolia)* über ihre Blumenkästen hinab auf das Gemüsegärtchen zu ihren Füßen. Mit prächtigem Wuchs bedanken sie sich für die Sonnenseite des Hauses, ebenso wie Stangenbohnen, Salat sowie Obst und weiteres Gemüse im Parterre (◀).

In Gebirgslagen mit schmalen Tälern drücken sich Bauernhäuser und ihre Gärten oft an den Hang. Auch hier sind Haus und Garten an die natürliche Lage angepasst (▶). Ein Vorteil der Schräglage: Haus, Garten und Bepflanzung droht keine Gefahr durch Staunässe. Wie seit eh und je liegen die Obstbäume außerhalb des Gartens, im Randbereich des Hofes.

Gestaltete Blumen-Romantik

Diese Farbharmonien können einfach kein Zufall sein! Tatsächlich handelt es sich um den Garten einer Landschaftsarchitektin, die mit sicherer Hand ein Paradies mit Bauerngartenblumen in kühlen sanften Tönen zum Leben erweckt hat.

Im Topfgarten neben der Tür genießen rosa blühende Pflanzen sichtlich den geschützten Platz in der Sonne. Von links nach rechts geben sich Malven, Rosmarin, Fuchsien, Elfensporn *(Diascia barberae)* und Pelargonie verspielt ein Stelldichein, während sich Wein über das Fußvolk an der Hauswand emporschwingt (▲).

Der Sitzplatz ist eine Oase zum Entspannen. Alte Apfelbäume und reich blühende Clematis an der Mauer verbreiten Bauerngarten-Flair auch hier (◀).

Das bezaubernde Blumenparadies im Vorgarten lässt sich vom Staketenzaun nicht in die Schranken weisen. Vor dem Zaun wurden Glockenblumen *(Campanula)*, Stockmalven *(Alcea rosea)*, Frauenmantel *(Alchemilla mollis)* und Oregano *(Origanum vulgare)* gepflanzt, während eine riesige Buchsskultpur als immergrüner Vermittler zwischen Drinnen und Draußen wirkt. Hinter dem Zaun führen Rosen, Phlox und Schatten liebender Geißbart *(Aruncus dioicus)* ein vergnügliches Dasein (▶).

Naturgarten mit formalen Akzenten

Auch im Detail ist die Gegenüberstellung von ländlichen und stilisierten Elementen zu beobachten. Türkischer Mohn *(Papaver orientale)* ist eine beliebte Staude aus dem Bauerngarten, wenn auch nicht in diesem ungewöhnlichen, blaustichigen Rot. Die Verfremdung des Bäuerlichen wird noch verstärkt durch das Wiederholen runder Formen, wie etwa durch den modernen Gartenschmuck, die Kugel und das grüne Kugelbäumchen (▲).
Romantisch, wie eine kleine Szene aus dem Bauerngarten wirkt der Eingang, an dessen Bogen reich blühende Clematis-Sorten und Rosen emporranken. Ihnen zur Seite unterstreicht Baldrian *(Valeriana officinalis)* mit seinen duftigen, weißen Blüten das blumig altmodische Bild (◀).
Im Einklang mit der Natur steht dieser Garten, dessen ästhetischer Reiz aus dem Kontrast von Gewährenlassen und Stilisierung, von natürlichen und gestalteten Formen besteht.
Im ländlich-naturhaften Garten bestimmen große, alte Obstbäume und eine artenreiche, bunte Blumenwiese das Bild. Eine starke Kontrastwirkung entsteht durch das Spiel mit den streng geometrischen, runden Silhouetten der Buchskugeln und des formierten Kugelbäumchens (▶).

Eleganter Buchsgarten

Vor ihrem reetgedeckten Bauernhaus erfüllten sich ein Landschaftsarchitekt und seine Frau einen Herzenswunsch: einen malerischen Bauerngarten nach norddeutscher Art. Dabei wurden traditionelle Vorgaben beachtet, aber mit neuen Gestaltungsideen angereichert. Wie regional üblich wehren Buchenhecken den Seewind ab, die Beete sind akkurat eingeteilt und die Wege mit schönen alten Klinkern und Granitpflastersteinen belegt. Hochstämme und Rosenpyramiden sorgen als vertikale Elemente auf charmante Weise für Räumlichkeit und erhalten ihrerseits Bodenhaftung durch Buchsbordüren (▲).

Schwerpunkt der Gartenwelt ist Buchs, der als Einfassungsleiste, Kugel und Kegel den strengen Formalismus dieses Bauerngartens betont, ihm Ruhe, Struktur und Plastizität verleiht, die auch im Winter erhalten bleiben. Kugeln und Kegel lockern das geometrische Grün der exakten Buchsrabatten jeweils dort auf, wo sich der Richtungsverlauf ändert (◀).

Neben einem klassischen Teil mit Vierung und Rondell besitzt der Garten auch einen ungewöhnlichen Part mit Zickzackverläufen. Auch hier bändigt der Buchsrahmen eine aparte Mischung aus bäuerlichen Zierpflanzen, Kräutern und Rosenhochstämmen (▶).

Adressen

GÄRTEN
Dore Müller,
Landschaftsarchitektin
BDLA/DWB
Dorfstraße 51
D-86925 Fuchstal/Asch
S. 38 o., 88 alle, 89

Doris Prütting, Malerin
Dorfstr. 1
D-85276 Pfaffenhofen/Göbelsbach
Titel, S. 1, 4, 26 o., 42/43, 61, 73, 79, 85

Joachim Winkler,
Landschaftsarchitekt BDLA
Am Klosterkiel 51
D-27798 Hude
S. 33, 92, 93

Wildwuxs E. V.
Veilchenstieg 29
D-22529 Hamburg
S. 37

Freilichtmuseum
Neuhausen ob Eck
D-78579 Tuttlingen
S. 24 o., 55

Freilichtmuseum des Bezirks
Oberbayern an der Glentleiten
D-82439 Großweil
S. 24 u., 32 u.

WEITERE FREILICHTMUSEEN MIT SCHÖNEN BAUERNGÄRTEN
Freilichtmuseum am Kiekeberg
D-21224 Rosengarten/Kr.Harburg

Schleswig-Holsteinisches
Freilichtmuseum
D-24113 Molfsee

Niedersächsisches Freilichtmuseum
D-49661 Cloppenburg

Westfälisches Freilichtmuseum
D-32760 Detmold

Freilichtmuseum Kommern
Landschaftsverband Rheinland
D-53894 Mechernich

Bauerngärten der Schwäbischen
Alb in Ödenwaldstetten
D-72531 Hohenstein

Hohenloher Freilandmuseum
D-74523 Schwäbisch Hall

Oberbayerisches
Bauernhausmuseum
D-83123 Amerang

Bauernhaus-Museum Wolfegg
D-88364 Wolfegg

Fränkisches Freilandmuseum
des Bezirks Mittelfranken
D-91438 Bad Windsheim

BEZUGSQUELLEN
Blumen- und Kräuter-Samen
Blauetikett-Bornträger GmbH
D-67591 Offstein

Otzberg Kräuter
Erich-Ollenhauer-Straße 87 A
D-65187 Wiesbaden

Reinhold Krämer
Küchengarten
Waldstetter Gasse 2
D-73525 Schwäbisch Gmünd

Syringa-Duftpflanzen
Berd Dittrich
Bachstraße 7
D-78247 Hilzingen

Alte Rosen und Wildrosen
Ingwer J. Jensen
Am Schloßpark 2b
D-24960 Glücksburg

Rosengärtnerei Kalbus
D-90518 Altdorf/Hagenhausen

W. Kordes' Söhne
Rosenstraße 54
D-25365 Klein Offenseth

Lacon GmbH
Lioba Riedel-Laule
J. S. Piazolo-Straße 4a
D-68766 Hockenheim

Walter Schultheis
Rosenhof
D-61231 Bad Nauheim-Steinfurth

DANK
Der Verlag und die Fotografinnen danken herzlich allen Gartenbesitzern.

Bildnachweis

Christa Brand
Titel, S. 1, 2/3, 4,10/11, 14 alle, 15, 16 alle, 17, 20/21, 22/23, 24 alle, 25/26, 27, 29, 30/31, 32 u, 34 o, 35, 38 alle, 39, 41, 42/43, 44 o, 45, 46 o, 48 u, 49, 52 alle, 53, 54 alle, 55, 56 alle, 57, 61, 63 u, 64/65, 70 alle, 71, 73, 76 u, 77, 78 u, 79, 81, 82 alle, 83, 85, 86 alle, 87, 88 alle, 89, 90 alle, 91

Zeichnungen: Reinhild Hofmann, Seite 18, 19

Gisela Caspersen
S. 7, 9, 32 o, 33, 34 u, 37, 44 u, 46 u, 47, 48 o, 51, 58/59, 62 alle, 63 o, 63 m, 66 alle, 67 alle, 68 alle, 69, 74/75, 76 o, 78 o, 80 alle, 92 alle, 93, 94, 95, Titel hinten

Nik Barlo jr.
S. 13

Literaturnachweis

Jolanda Englbrecht, *Blumen aus dem Bauerngarten*, München 1993
Halina Heitz, *Balkon- und Kübelpflanzen*, München 1991
Dieter Herbel, *Sommerblumen*, Stuttgart 1992
Bernd Hertle/Peter Kiermeier/Marion Nickig, *Gartenblumen*, München 1994[2]
Penelope Hobhouse, *Illustrierte Geschichte der Gartenpflanzen*, Bern, München, Wien 1999
Anny Jakob/Hedi und Wernt Grimm/ Bruno Müller, *Alte Rosen und Wildrosen*, Stuttgart 1992[2]
Gisela Keil, *Praxis Biogarten*, München 1993
Christopher Lloyd/Richard Bird, *Kleine Gartenparadiese: Der Cottage-Garten*, Köln 1996[4]
Marion Nickig/Heide Rau, *Vom Nutzen schöner Gärten*, Hamburg 1995
dies., *Köstliche Kräuter*, Hamburg 1998
Sue Phillips, *Cottage-Gärten, Bauerngärten*, München 1995[2]
Christiane Widmayr, *Malve, Mangold und Melisse, Bauerngärten neu entdeckt*, München 1999

Impressum

Streitfeldstraße 35, 81673 München
http://www.callwey.de
e-mail: buch@callwey.de

Die Deutsche Bibliothek – CIP-Einheitsaufnahme
Ein Titeldatensatz für diese Publikation ist bei Der Deutschen Bibliothek erhältlich.

ISBN 3-7667-1459-7

Litho, Druck und Bindung: Fotolito Longo, Bozen
Printed in Italy 2001